Walter Raleigh

Kurze wunderbare Beschreibung

des Goldreichen Königreichs Guianae im America, oder neuen Welt, unter

der Linea Aequinoctiali gelegen

Walter Raleigh

Kurze wunderbare Beschreibung
des Goldreichen Königreichs Guianae im America, oder neuen Welt, unter der Linea Aequinoctiali gelegen

ISBN/EAN: 9783743476103

Hergestellt in Europa, USA, Kanada, Australien, Japan

Cover: Foto ©ninafisch / pixelio.de

Weitere Bücher finden Sie auf **www.hansebooks.com**

Kurtze Wunderbare Beschreibung.

Deß Goldreichen Königreichs Guianæ in America/oder newen Welt/ vnter der Linea *Æquinoctiali* gelegen: So newlich Anno 1594. 1595. vnnd 1596. von dem Wolgebornen Herrn/ Herrn *VValthero Ralegh* einem Englischen Ritter/besucht worden: Erstlich auß befehl seiner Gnaden in zweyen Büchlein beschrieben/darauß *Iodocus Hondius*, ein schöne Land Taffel/mit einer Niderländischen erklärung gemacht, Jetzt aber ins Hochteutsch gebracht/vnd auß vnterschietlichen *Authoribus* erkläret.

Durch

Levinum Hulsium.

Noribergæ, impensis LEVINI HVLSII,
M D XCIX.

Levinus Hulsius dem Günstigen Leser S.

ES möchte sich villeicht jemand verwundern/warumb diß Wercklein/daran etliche villeicht zweiffeln möchten/ob dessen inhalt wahr oder nicht wahr sey an tag gegeben haben. Denen gib ich zur antwort/Das ich eben darumb/dieweiln es wunderbar vnd seltzam ist/fürgenommen hab/vnd diß vmb so vil desto mehr/dieweil ich weiß/das es zuvorn auch in zweyen andern Sprachen außgangen/vnd dazu auß befehl fürtrefflicher Leut / die selbs diese Schiffarth verbracht haben/erstlich an tag geben ist. Vnnd zwar was ist/darüber wir vns Täglich verwundern? Nichts fürwar als allein diß/so wir zu sehen nicht gewohnet sein / so bald wirs aber täglich vor augen haben / achten wir es / wie wunderbarlich vnnd seltzam es jmmer sein möchte/nicht mehr. Wer wolte glauben/das so Rabschwartze Leut als die Mohren sein/zu finden werden? Wann wir von glaubwirdigen Scribenten dessen nit vberzeugt würden / die selbs in dise Länder kommen / oder wir nicht selbs mit vnsern augen etwa gesehen hatten. Wer wolte auch glauben da man jemant fragen solte/das ein Mensch sieben Jar lang ohne essen vnd trincken leben könte? da wir doch auß gewisser erfahrung wissen/ das Anno 1584. bey Keysers-Lautern/zu Schmidtweiler/ein Jungfraw Catharina genant/ vngefehrlich in 27. Jar alt/vnd Cun Binders/vnd Catharina von Waldtmeer Tochter gewesen/die biß in das siebende Jahr kein Speiß noch gedranck durch jhre Keehlen bringen können/ auch (Salua reuerentia) keinen Stulgang / Wasser noch

 Schweiß

Schweiß von sich geben/vnd doch darbey ein fein vollkömlich/ wolgefärbt/Lebhafftes wolgestaltes Angesicht/mit clare Lebliche Augen/wie ein gesundt Mensch/deß gleichen eine feine liebliche/ zimliche helle/deutliche vnd verstandliche Sprach ꝛc. gehabt/inn massen des Durchleuchtigen Hochgebornen Fürsten vnd Herren/Herren Johann Casimirs/Paltzgrauen bey Rhein/ Hertzogen in Bayrn/ꝛc. Hochlöblichster gedechtnuß/abgesandte seiner F. G. Relation gethan haben.

Solcher vnerhörten / vnglaublichen / wunderbarlichen Exempel / wolte ich ein grosse anzahl auff die Bahn bringen/ welches ich aber dißmal von vnnöten achte / sonder will zu vnserer Materi kommen.

Es werden in diser Relation/zwey wunderbarliche ding erzehlet/welche doch gleichwol nit new sein: Dann das erste / das nemblich in America ein Land oder Provintz sey / So von Weibern/die man gewohnlich Amazones nennet/regiert werde / welche keinen Männern bey jnen zu wohnen gestatten / belangendt/ seind von vilen Jaren in Asia vnd Africa/wie solches vil fürtreffliche/gelehrte/ auch alte Scribententen bezeugen / dergleichen Weiber gefunden worden: Inn massen wir auß jhren eignen Schrifften hernacher beybringen wöllen.

Das ander wunderding ist/das alda Leut ohne Köpff vnd Hälß/denen jhre Augen auff der Brust stehen / sollen gefunden werden. Das aber solche Leut inn Asia vnud Africa vorzeiten auch gefunden worden/werden solchs zubeweissen / vnns keine glaubwirdige Scribenten mangeln. Wiewol ich gleichwol niemandt persuadiren/oder zu glauben nötigen will / das diese ding warhafftig also seyen/Sondern hab allein beweissen wöllen/das vil fürtreffliche glaubwürdige Authores solches in jren Schrifften gedacht/welchs sie ohne zweiffel nicht würden gethan haben/ wann es mit der warheit nicht solte vber einstimmen.

Ich hab in diser beschreibung des Autoris Relation gar vnverendert/wie sie an jr selbs ist/gelassen/vnd wo dem Kunstliebenden Leser zu dienst/etwa andere Autores angezogen sein / hab

ich

ich dieselbe mit einer besondern Litera drucken lassen. Vnd hab dis allein (in mittels eins andern schweren Wercks/so ich vnter den Händen hab) mich ein wenig damit zu erlustigen/fürgenommen: Mit Bit solche meine geringe Arbeit günstig gefallen zulassen/Vale.

Caput I.

DEr Wolgeborne Herr / Herr Walther Ralegk / Ritter / Ist bey dieser expedition oder Schiffarth eigner Person gewest / drey Jahr nach ein ander / nemblich / Anno 1594. 1595. vnd 1596. vnd hat wolerfahrne geschickte Steur vnd Schiffleut mit sich gehabt / so dise gegend vnnd gelegenheit des Landes / nach dem sie es von Rio de las Amazones, biß zu C. de la vela besegelt / vnnd vmbfahren / mit vleiß abgerissen / Also des jedes ort / nach seiner rechten höhe / vnd krümme / obseruirt / vnnd inn dise Land Taffel gebracht werden. Sie sein auch inwendig im Land / durch den Fluß Capuri, inn den Fluß Orenoque vber die einhundert Teutscher Meil wegs gefahren / von dannen sie des Königs Sohn von Morequito, auß einer Statt am Fluß Orenoque gegen Mittag gelegen / mit sich inn Engellandt gebracht.

Nota. Es ist vornemblich den Schiffleuten viel daran gelegen / das die Charten oder Landt Taffeln (So sie gemeiniglich Paß Charten nennen) der Landschafften / darein sie segeln wollen / mit fleiß gemacht setzen/dann sie sich im Meer darnach richten müssen/vnnd darauß sehen/mit was Wind sie sich behelffen/ vnd wohin sie jhren strich nemen sollen/vnnd wo sie die Statt oder ort/ dahin sie begeren/finden mögen/als auch wie weit von einem ort zum andern ist/erfahren. Vnd auff das man desto leichter alle örter/deren inn diser Beschreibung gedacht/in diser beyligenden LandtTaffel finden/vnd jre gelegenheit wissen möge/hab ich zu end ein Register/darinnen alle örter nach dem A B C verfasset/mit jren gradibus longitudinis vnd latitudinis, hierzu gethan: welche in der LandtTaffel auff dise weiß zu finden sein / als zum Exempel: Jch setze/du woltest gern wissen / wo die vorgemeldte Statt Morequito inn diser LandTaffel gelegen ist/So suche hinden im Register in dem Buchstaben M. das wird dir sagen/ das sie vnter den 16½. G. Long. ligt. Solche zahl such auff dem Æquatore, zu mitten in der LandtTaffel/vnd ziehe ein Linial oder Faden drauff. Zum andern zeigt dir das Register auch an / das solche Statt vnter den 4. G. Lat. oder Eleuationis poli lige / derwegen zihe auch einen Faden auff dise zahl/so zur rechten vnd lincken Hand diser Charten stehet / so wirst du die Statt im Creutz/da die beyden Faden zu sammen kommen finden. Also thue mit allen andern Stätten / so du suchen wilt.

Caput II.

Von der gelegenheit vnd eigenschafft dises Königreichs.

Dise Prouintz oder Königreich Guiana, ligt in America/oder inn der newen Welt / gerad vnter der linea Æquinoctiali, zwischen Brasilia vnd Peru, hat viel treffliche wol erbauete Stätt / schöne gewaltige grosse Flüß/ist vberauß Goldreich/vnd sein alda allerley Thier in grossem vberfluß/es sollen auch Leut von wunderbarer seltzamer gestalt / wie wir hernacher

cher sagen wöllen/alda sein. Vnnd ob es wol in dem Land nimmermehr kalt ist / so haben sie doch jhren Winter zwischen May vnd Septembri/vnd zur selben zeit ist es vnmüglich mit Schiffen alda zuverharren/wegen des gewaltigen Vngewitters / vnnd Sturmwind/auch des stettigen Regens / Donners vnd Blitzens/vnd das als dann alle Wasser alda so gewaltig groß werden vnd vberlauffen/dermassen das der Fluß Orenoque, so ohne das vberauß groß vnd gewaltig ist/vnd gegen Nord/oder Nordost/bey der Insul Trinidado, sich ins Meer geüst/vber die 30. Schuch hoch sich erhebt/also das alle die Insuln (dann er sich wol mit 8. oder 10. Adern inns Meer gibt) ertrenckt / vnnd mit Wasser zugedeckt werden. Zurselben zeit wissen sich die Eynwohner bey zeiten zuversehen / vnnd begeben sich auff die Hügel vnnd Baum/drauff sie jre wohnung oder Heuser bauen/ vnd sich alda mit Weib vnnd Kind/biß das Wasser verlauffen/auffhalten.

In sua descriptione America.

Diß gedenckt auch Cornelius de Iudæis, mit disen worten / In Castilia del Oro, bauen die Einwohner auff Baumen/die in grosser meng alda wachsen/damit sie vor dem ergiessen der Wasser desto sicherer sein/welchs daselbst der Sümpffigen örter halben/gar vil geschicht.

Franciscus Loper. parte 2. cap. 85.

Die Baumen in disem Land/sind vil grösser als vnsere Baumen/ dann der Vincente Yanes Pinzon vnd Arias sein Vetter / so Anno 1499. dise gegend von Angla di S. Luca, so an der spitzen des Fluß Amazonum ligt/biß an Paria, besegelt / bezeugen diß für ein grosses wunder/das sie alda Bäum gesehen/so sechtzehen Männer nicht hetten vmbklafftern können.

I. la Trinidad.
MARE del NORT.
4
Terra di PARIA.
Orenoque F.
Capuri Flu.

Diß Königreich Guiana ist vberauß reich an Gold/Edelgestein/Perlen/Balsam/Oel/langen Pfeffer/Inguer/Zucker/Weirauch/köstlichē Kreutern zu der Artzeney dienstlich. Item Gummi/Honig/Seyden/Baumwollen/vnd Brasilholtz/Dise Wahren alle bekompt man von den Inwohnern alda durch Tausch/vnd für andere Wahren/vnd seinjnen am liebsten Axt oder Beyhel/Messer von allerley art/vnd andere dergleichen Eysenkrämerey/oder Nürnbergische Wahren. Sie haben vberauß viel Thier/so vns bekandt/als Löwen/Tyger/Leopard/Hirsch/Füchß/Hund/Schwein/Hasen/Schildkroten/auch Haußhüner/vnnd Feldhünner/Fasan/Kränich/Wachtel/Reyger/vnd andere mehr.

Sie haben auch in dem Land Paria ein vierfüssig Thier/so Gesnerus semivulpem das ist ein halben Fuchß vnd einen halben Affen nennet/dieweiln es vornen die gestalt hat eines Fuchß/allein das es Ohren hat wie ein Fiedermauß/hinden aber die gestalt eines Affen/hat Füß beynach wie ein Mensch/vnd vnden am Bauch/hat es einen Sack/den es auff vnd zumachen kan wie ein Beutel/darinnen es seine Jungen tragen kan/vnd die widerumb herausser läßt/wann sie saugen wöllen. *Benzo lib. 2. cap. 14.*

Es schreibet Lopez, nella Historia del nuouo, Indie, das Vincente Yanes Pinzon, Anno 1499. auß dem Land Humos, die Haut eines solchen Thiers/in Hispanien gebracht habe. *Parte 2. cap. 85.*

Es ist noch ein art von einem Wunderbaren Thierlein bey Guiana, so die Spanier Armadilio nennen/ist einem Schweinlein nicht vngleich/hat aber viel einen rundern Leib/vnnd einen zugespitzten schwantz/ist durchauß vmb den gantzen Leib mit harten schalen Armirt/vnd verwahret/wohnt vnter der Erden wie ein Maulwurff. All *Francisc. Gomara.*

eine krafft ist in einem kleinen Beinlein des Schwantzes/ welches so mans zu pulver stösset/vnd ein wenig inn die Ohren thut/ wenn man schmertzen darinnen hat/hilfft es alsbalden.

Cosmograph. de Theuet, lib. 21, cap. 13.

Gegen Brasilien ist noch ein seltzame art von Thieren/ so etliche Haute, die Brasilianer aber Hay nennen. Diß Thierlein hat kein Mensch jemals sehen essen/noch trincken/deshalben helt man darfür/ das es gar nichts Esse noch trincke/sondern allein vom Lufft lebe. Theuet, so dis Thier lange zeit lebendig gehabt/ hat dem Gesnero, wie sie beyde in jren Schrifften bezeugen/die Haut davon zugeschickt.

Caput III.

Von den Stätten dieses Königreichs.

DJe Hauptstatt dises Königreichs Guiana ist Manoa, so auch El Dorado, genennet: diß soll die mechtigeste vnd grosseste Statt inn gantz America / oder (wie Iodocus Hondius, inn seiner Newen Landtaffel will) der gantzen Welt sein / ligt an dem grossen See Parime, so von andern Nationen Topono vvini gennenet wird/dessen Wasser gesaltzen vnd der See vngefehrlich 200. Meil lang ist/darinnen sein viel Jnsuln/vnd vberauß viel Canoas, oder Jndianische schifflein/damit allerley auß allen Orten/vnd

Haute.
Armadilio

ten/vnnd vmbligenden Ländern/ so gewaltig Goldreich/vnnd von allerley Vieh vberflüssig vol sein/zugeführet wirdt. Dann sich vil namhaffte Fluß in disen See ergiessen/vnd wider andre drauß entspringen/vnd können die Inwohner dises Landes/mit jrẽ Canoas oder Schifflein/von disem grossen See/auff den Fluß VVaiabego, oder VViapago (so bey C. de la Corda, oder Conde, gegẽ Mitternacht/vnter dẽ 333. G. Long. vnd 3. G. Latitu. ins Meer fleust) in 20. Tagen biß in den grossen Meer Occanũ fahren.

Die Innwohner bey Caper vvacca, da der Fluß Caliane, oder Caianc, vnter dem 331½. G. longit. vnd 4. G. Latitud. inns Meer fleust/ (welches gar freundliche Leut sein/mit denen wol zu handeln/ die auch grossen vberfluß von allerley sachen vnnd Prouiant haben) können / wie man fürgewiß vermeint / auff obgemeldtem Fluß biß inn den grossen See Parime, vnd gar biß in der grossen Statt Manoa fahren/ Diser Fluß Caiane, ist gar ein schönes vnd bequemes Wasser/darinnen man mit vil Schiffen fahren kan/vñ ist/da er ins Meer fleust mehr dañ ein teutsche meil breit/alda im eingang 3. Felsen ligẽ/ so drey ab vnnd zulauff oder Euripos verursachen.

Die aber wohnen/da der Fluß Essekebe, oder Deuoritia, bey der Stadt C. Primiero, vnter dem 325. G. Longitud. vnnd 4½. Latitud. sich inns Meer ergeußt / welches die letzten Gräntzen

 sein/

sein/dahin die Hispanier kommen: die kommen mit jhren Schifflein/auff disen Fluß in 20. Tagen biß auff eine Tagreisse zu dem grossen Lacu oder See Parime fahren/von dannen sie jre Wahren/Proviant vnd Canoas, oder Schifflein/auff der Axt biß in die See tragen/vnd dann weiter wo sie hin wollen/rudern: Handlen mit den Einwohnern/vnnd kehren als dann wider anheimbs.

An dem Fluß Macavvini, so vnter dem 324. G. Longit. vnd 5. G. Latitud. ins Meer fleust/findet man gewaltig viel Gold im Sandt.

Essekebe F.
7.
MANOA o del DORADO.
LACVS SALSVS
PARIME.

Caput IV.

Weitere gelegenheit dieses Lands.

WJR haben vorn etwas von dem grossen Fluß Orenoque meldung gethan/ so sich mit 8. oder 10. Arm oder Flüssen/ins Meer ergeust/dessen ein Arm oder Adern/so gegē Morgē gelegen/Fluuius Capuri genennt wird/ist sehr sandig vnnd vntieff/ dann wan das Meer ablaufft / ist er nur fünff schuch tieff: da sich diser Fluß ins Meer gibt/ist ein Baya oder krum̃me / des Gestadts/so sich gegen Morgen oder Ost erstreckt/darein derselbe Wind mit solchem Gewalt bläset / das es scheint vnmüglich zu sein mit den Schiffen wider auß disem Fluß inns Meer zusegeln.

Aravvaca ein ort nit weit vom Fluß Orenoque, gegen abend gelegen / dises orts Innwohner sein ein wüst/vnd ein vmbschweiffig Volck / aber der Hispanier gute Freund.

Die Iaos aber/ein mechtig vnd im Krieg wolgeübt Volck/so am Fluß Esſekebe, wohnen / seind der Hispanier grosse Feindt/diese malen sich am leib/damit man sie von jhren Nachbarn vnnd Feinden/den Aravvacis vnterscheiden /vnd erkennen möge.

Cassipa ist ein See / darein sich der Fluß Orenoque außgeust/ist ungevehrlich 15. meil breit/ und wol so lang. Der Sandt in disem See/ist gewaltig Goldreich/Daben ligen grosse Berge vnnd Felsen/so die Jnnwohner Cassipagotos nennen/dise sein von lauter Gold.

Macureguarai, eine Statt nicht weit von obgemeldtem See gelegen/ist die erste Statt zum Königreich Guiana gehörig.

Amapaia, ein Prouintz im Königreich Guiana, ist sehr Goldreich/vnnd ist das Wasser alda umb Mittagszeit sehr gesundt/des Morgens aber/vnnd fürnemblich des Nachts/ists lauter Gifft.

Bey Caperv vacka, ist Campouse, ein Fluß so vnter dem 332. G.long. vnd 4. G.Latitu. ins M[illegible]er fleust/Alda ist vberauß voll Bresilholtz/ob er [illegible] keine Jnnwohner alda hat/ vnd mag dann ein jeder so viel nemen als er will.

Caput

Caput V.

Von den Weibern Amazones genandt.

DIE Nachbarn dises Königreichs Guiana gegen dem Morgen/sein Amazones, von denen der grosse Fluß Amazonas seinen Namen bekommen / dise seind nur Weiber / die keine Männer bey jnen zu wohnen dulden: Sondern von Jugendt auff im Krieg aufferzogen vnnd geübet sein/vnnd mit jhren Feinden gegen welchen sie grausam/vnnd Blutdurstig / jmmerwehrende ernstliche Krieg führen. Sie gesellen sich aber Järlich ein Monat (so man meinet das der Aprill sey) zu den Männern/auff das jr Geschlecht nicht gantz vnd gar vntergehe/ In disem Monat kommen alle benachbarte König zusammen / wie auch die Amazonischen Weiber/ so Kinder zu gebern Alters halben bequem sein / als dann erwehlt die Königin dieser Weiber einen von den Königen/so jhr gefellig/darnach werffen die andere das Loß/was ein jede für einen zu Gesellschafft bekomme.

Bleiben also diesen Monat beysammen / sein

sein frölich/Dantzen/springen/Essen vnd Trincken/ nach jrer weiß miteinander/vnd wendet sich/ wann das Monat fürüber/ein jeder wider zu seinem Land. Die Weiber so schwanger werden / vnnd nachmals Knäblein geberen/schicken dieselben jrem Vatter zu/ die Thöchter aber behalten sie bey sich vnnd erziehen sie / vnnd schicken dem Vatter zur anzeigung einer Danckbarkeit/etliche geschencke. Sie haben überauß viel Gold/welchs sie für etliche grüne Steinlein von jren Nachbarn bekommen.

Historia Indiæ par.2, cap.86. Von disen Amazonibus vnd dem Rio oder Fluß de las Amazones, schreibt der F. Lopez (wiewol es des ansehen hat das ers selbs nit glaub) also: Anno 1542. hat Franciscus Orellana, den Fluß Maragnon, sonst Amazones, vnd jetzt von jm Rio Orellana, genand/ von Peru auß/biß ins Meer/ Mare del Nort, wol 6000. Italianische Meil/von wegen seiner krümme/erstmals vmbfahren: Der zeiget dem Indianischen Rath an / das er inn disem Fluß die Kriegs erfahrne Weiber Amazones alda gesehen/vnd mit jnen gekriegt hette.

Lib.22.cap. 2.& 3. Andreas Theuet in seiner Cosmographia thut dessen meldung nachfoldender gestalt: Der Fluß de las Amazones, ist jetzt Orellana genandt/vom Hauptmann Francisco Orellana, der denn erstlich in weniger denn dreyen Monaten befahren hat: Es sollen Weiber alda sein / so etliche zeit des Jahrs ohne Männer wohnen/vnnd zu etlicher zeit/nemen sie Männer in jre Insul: Deßhalben man sie nach dem alten gebrauch/Amazones nennet. Die Innwohner so bey disem Fluß wohnen / sein Canibales, oder Menschen Fleisch fresser / außgenommen so auff den Bergen wohnen/so man meinet/das Weiber ohne Männer sein. Der Orellana vnnd seine gesellen haben am Vfer deß Fluß gar viel dieser Weiber mit Bogen vnd Pfeil gesehen / welche sie an jhrem weg vnnd fürhaben alda fürüber zu fahren/haben verhin-

dern.

dern wollen/die sagen auch das diser Weiber am Vfer Männer gefangen hatten/die sie mit einem Bein/den Kopff gegen der Erden gewendet/ an die Baumen gehengt/ nachmals vielhundert Pfeil nach jnen geschossen/vnd lezlich ein Feur vnter sie geschieret/vnd verbrennen lassen.

Vlrich Schmidel in seiner Schiffarth / die ich Manu scriptam bey mir hab/(vnd mit erster gelegenheit / wils Gott/an Tag zu geben willens bin) gedencke diser Weiber nachfolgender gestalt: Vngefehrlich Anno 1542. war vnser Obrister in der Statt Asumption in Brasilia, Albermunzo Capesla Depocha, da bin ich mit dem Hauptmann Ernando Rieffere, sampt andern 80. den Fluß Paraguay, vnd Parabol, hinauff gefahren/kamen lezlich zu einem König Scherues genandt/nicht weit von Tropico Capricorni, der gab vnserm Hauptman ein Silberne Cron/sampt andern ding mehr / so er wie er sagte/ durch Krieg/von den Amazonischen Weibern / erobert hatte. Vnd als er sich von den Amazonibus, vnd jrem grossen Reichthumb vernemen liesse/ da fragte vnser Hauptmann / ob wir zu Wasser dahin kommen könten/sagte er nein/sondern wir hetten zwey Monat an einander vber Land zu Räisen/kunten aber jezt dahin nicht kommen/auß vrsach / das daß Land dise zeit / des Jahrs vol Wassers were/ Vnser Haubtman aber wolte solches nicht glauben/Sondern wir zogen dahin/mit etlichen Jndianern so vns beläiteten/vnd kamen nach 17. tagreyß zu einer Nation Orthuesen genennet/vnd haben wir vil tag immerdar durch wasser/ so gar warm was / biß zum knie / bißweiln biß zur Gürtel gehen müssen. Vnser Hauptmann fragte der Orthueser Oberster nach den Amazonibus, der sagte / wir hetten noch ein Monat lang zu jnen zu reisen / das Land were aber jezt voll Wasser. Derhalben wir wider zu ruckwarts gezogen sein.

In Brasilia vnnd Rio de la Plata Pag. 29.

Dise Amazonische Weiber/wohnen in einer grossen Jnsul / die ist vmb vnd vmb mit Wasser vmbfangen/also das man sie mit Canoas oder Schifflein bekriegen muß. Jn diser Jnsul ist kein Goldt/ sonder nur im Land da die Männer wohnen / daselbs haben sie grossen Reichthumb/vnd ist ein mechtiger König alda Iegnes genandt.

Dise Weiber haben nur eine Brust/die Männer kommen etlich mal im Jar zu jnen/vnd so sie nachmals einen Knaben oder Meidlein geberen/thun sie darmit wie vorgemeldt/Jhre Wehr sein Bogen/ führen hefftige Krieg wider jre Feind.

So weit Vlrich Schmidel.

Iustin. lib. 2. Q. Curtius li. 6. Diodor. Sicul. lib. 3. & 4. Paul. Oros. Lib. 15. Herodotus li. 4. Solinus cap. 27 & 65. Pomponius Mela Lib. 1. Martian. c. 9. lib. 9. Plutarch. in vita Thesei, & Pompeij M.

Von den Amazonibus, oder disen Streitbarn Weibern im gemein/haben vil fürtreffliche glaubwürdige Authores geschrieben: also das kein zweiffel dran ist/das sie nicht solten gewesen sein / wie woll auß Strabone erscheind/da er von jnen geschrieben hat / das er etwas dran zweiffel. Sie sein also genendt von dem priuatiua particula ἀ/ das ist ohne/vnd μάζος Brust/gleichsam/ohne Brust. Dann jnen in jrer Jugend die rechte Brust/von jren Müttern mit einem glüenden Eysen abgebrennet werden/damit sie im Krieg den Bogen zu ziehen nit gehindert. Vnd haben so wol in Africa als in Asia gewohnet. Die ersten Amazones sein in Lybia in einer grossen Landschafft Africæ, bey Abrahams zeiten/entstanden/die sollen auff eine zeit jhre Männer/ die jnen nit allerdings vnterthenig sein wollen/zu Todt geschlagen haben/vnnd sollen in einer Jnsul Hesperia genandt/vnter der Königin Myrina jren Sitz gehabt haben/jre Harnisch sein gemacht gewest / von grossen Schlangen Häuten/jre Wehre sein Schwerter / Langen vnnd Bogen: haben die Stadt Cherzones, von den Atlantidern erobert/ den Gargoniter geschlagen/zogen durch Lybien in Egypten / darnach in Arabien/Syrien/Cilicien/Phrygien/vnnd in Europam: eroberten Epirum/streiffeten die Thonau herauff biß an Schwaben Land/ alda sie geschlagen worden vnd zerstreuet.

Herodotus. Nachmals vermeint man/das die Scytische vnd Asiatische Amazones bey dem Meotischen See von jnen entstanden sein.

Propert. lib 3. Pomponius Mela, Propertius vnd Claudianus schreiben / das vorzeiten etliche Schythæ auß jrem Land vertriben / sich in Asia minore bey Cappadocia, am Fluß Termodoonte, so in Pontum Euxinum fleust/nidergelassen/da sie von den Jnwohnern alle vmbbracht worden/da solches jre Weiber vernommen/ haben sie zu den Waffen gegriffen/den Todt jrer Männer gerochen/vnd die Jnwohner zu Cappadocia geschlagen vnd auß jrem Land getrieben. Etliche zeit darnach vnter der Königin Marpesia, sein sie Armeniam, Syriam, Ciliciam, Pisidiam, Persiam, vnd Galatiam durchstreifft/habē die schön Statt Ephesum vnnd den schönen Tempel Dianæ, davon in den Geschichtē

der

der Apostel Cap. 19. meldung geschicht/gebauet/vnd lenger dann 300. Jar alda geherrscht. Hercules vnd Theseus haben darnach dise Weiber vberzogen. Sie aber eroberten darnach die Statt Athenē/ trieben die Griechen herauß/vnd schlugen jr Läger mittē in der Statt. *Plut in vita Thesei num. 9.*

Bald darnach/da die Statt Troia von den Griechen belägert worden/ist die Königen diser Weiber Penthesilea, mit einem grossen Heer den belägerten zu hülff kommen/Sie ist aber (nach vil Ritterlichen Thaten) von dem Achille zu todt geschlagen worden. *Pausan. lib. 1. Iustin. lib. 2. Virgilius. Salustius.*

Dise Penthesilea, soll erstlich (wie Plinius schreibt) die Axt oder Beyhel erfunden haben. *Lib. 7. cap. 56.*

Anno 1142. vor Christi zeiten/bey 40. jar nach der zerstörung Troia hat Amar diser Weiber Königin/die Statt Ephesum geplündert/vnd den berhümbten Tempel Dianæ daselbst angezündet vnd verbrennet. Zu den zeiten Alexandri Magni, ist diser Weiber Königin Thaleſtris oder wie Iustinus will Minithia, zum Alexandro mit 300000. gerüsteter Weiber/mit jrē Streitaxten vnd Tartschen gezogen/ der meinung jne zubewegen/sie zu beschlaffē/vnd ist 14. od' wie etliche wollē 30. tag bey jme gewest/vnd sich schwanger befunden. Bald aber darnach sein alle Amazonische Weiber vertilget worden. Plutarchus in vita Pompeij Magni, erzehlet von den Amazonibus in Asia, das sie bey dē Völckern Leleges (deren bey Aristotele, Strabone, Plinio, vnnd Virgilio gedacht) gewohnt/nit weit vom Berg Caucaso, gegen dem See Hircaniæ zu/vnd das sie sich bey dē Fluß Thermodoon 2. mal des jars/mit obgedachten Leleges gesellet/aber sonsten alle zeit allein/one Männer gewohnt haben. *Manethon. Aventinus. Supplem. Q. 1 Curt. lib. 6. art. 5. Num. 10. pag. 86.*

Plinius schreibt/das in Asia nicht weit von den Caramanis, ein Land Pandi genandt/sol gewesen sein/So von lauter Weiber regiert/ die vber 300/Stätt/150. Tausent Fußvolck/vnd 500. Elephanten/zu herrschen/gehabt haben. *Lib. 6. cap. 20.*

Edouard Lopez, in der beschreibung des Königreichs Congo, vermeldet/das im Königreich Monomotapa, in Africa, so vnter dem 60. G. Longitud. vnd 19. G. Longitud. meridionalis gelegen/solche Streitbare Weiber oder Amazones sein/so von Jugendt auff zum Krieg abgerichtet/welche auch auff der Vralten Amazoner art/jre lincke Brust abbrennen/damit sie jnen am schiessen nit hindern. Dann jre Wehren allein Bogen vnnd Pfeil sein/gesellen sich auch/auff gewisse zeit/zu den Männern. *Cap. 9. Dionys. lib. 4.*

Vnd wer weiter von disen Kriegserfahrnen Weibern bescheide wissen wil/lese varias lectiones P. Mesiæ, parte 1. cap. 10, vnnd des M. Cyriaci Spangenbergers Adels Spiegel, lib. 13. cap. 15. biß zum end.

Caput VI.

Von den Wunderbaren Leuten/so in Guiana zu finden.

VOn der Prouintz Ivvaipanoma im Königreich Guiana, zwischen dem See Casſipa, vnd dem grossen See Parime gelegen/bezeugt Herr Ralegh, inn dem hievorn gemelten Büchlein (wie Iodocus Hondius in seiner offtgedachten LandtTaffel/ mit fleiß anzeiget) das es alda eine art von Menschen oder Leut habe/so ohne Halß vnd Köpff sein/dann jre Augen vnd andertheil des Angesichts/auff jhrer Brust stehen/sein sonsten starcke/wüste/ Barbarische Leut.

Ob wol diß von vielen mehr für ein Märlein als für ein warheit gehalten möchte werden / So wissen wir doch/ das viel glaubwirdige/ trefflliche/gelehrte Leut/vns in jren Schrifften hinderlassen haben/ das solche Leut auch vorzeiten in Asia gefunden sein worden.

Lib. 7. Cap. 2. Plinius Secundus, so zu zeiten Keysers Vespasiani gelebt/schreibet in seinen Natürlichen Historien/das gegen Abend / an dem Berg Milo

Milo in Asia Leut sein sollen/ohne Köpff/deren Augen auff der Brust zwischen den Schultern stehen.

Diu. Augustinus schreibt also/Man sagt das Leut sein / die jhre Augen auff den Schultern haben/vnd ohne Köpff sein/wie man solche zu Carthago/in der Meergassen/in Mosaischẽ gemäld / abgebildet sihet. *De Ciuit. Dei Lib.16.cap.8.*

Isidorus ein Bischoff zu Hispalis, in seinem Buch von seltzamen wunderzeichen / schreibt also: Etlich wunder werden geborn/so zum theil die gestalt verendern/als die Menschen/so einẽ Kopff/wie ein Hund oder Löw haben: Etliche so gar die gestalt verendern/ als da ein Weib ein Kalb gebirt: Etliche aber verendern die gestalt gar nicht/sonder sein nur verwechselt/als die jre Augen auff der Brust haben. In Lybia vermeint man das solche Leut sein/ohne Köpff geboren / so jhre Augen vnd Maul auff der Brust stehend haben. *In Codice Etymologiarum Lib.11.de portent.*

Also hast du kürtzlich lieber Leser / diese wunderbare Schiffarth mit etlicher darzu gehöriger erklärung. Ich habe aber eine erzehlung/ wie diß Land America erstlich Anno 1492. erfunden / vnnd was sich gegen Mittagwarts biß auff diß 1599. Jahr alda gedenckwürdiges verlauffen/in ein besonder Büchlein/auß vilen Authoribus, darauff ich mich will referirt vnnd gezogen haben/zusammen getragen.

Vale & fruere.

Tabel der Örthern so in disem Büchlein gedacht seind/da S. stehet/so Septentrio bedeudet/muß man die von der Linea Æquinoct: hinauffwarts in der Landtaffel suchen/Da aber M. so Meridies ist/stehet/müssen von dem Æquatore hinunderwarts/ gesucht werden.

	G.lon.	G.la.			G.lon.	G.la.	
Amapaia	313	2	S	Iaos	325	3	S
Amazones Flu.	338	0		Ivvaiponoma	315	1	S
Amazon: regio	327	11	M	Macavvini	324	6	S
Angla S. Luca	340	1	M	Macuregnarai	316	3	S
Aravvaca	318½	6	S	Manoa	320	1	S
Asumption	337	23	M	Moriquito	317	4	S
Brasilia	340	9	M	Orellana Fl.	338	0	
Caiane Flu.	331½	4	S	Orenoque Fl.	316	5	S
Cap. de vela	310	12	S	Orthuesi			
Cap. de corda	334	3	S	Parabel Fl.	330	23	M
Capervvacka	331½	4	S	Paragna	335	20	M
Capuri Fl.	322	7	S	Paria	319	8	S
Cassipa	315	3	S	Parime lacus	320	0	
Cassipagotes	316	1½	S	Peru	296	7	M
Castilia del Oro	303	5½	S	Rio de las Amazones	338	0	
Dorado	320	1	S	Scherues			
Demorary Fl.	325	5	S	Toponovvini			
Essebeke Fl.	322	3	S	Trinidado	321	9	S
Guiana	310	1	S	VVaiabego	329	2	M
Humos	336	6	M				

F I N I S.

Gedruckt zu Nürnberg/durch Christoff Lochner/In verlegung Levini Hulsij.